Elsa Schiaparelli

26-28, rue Danielle-Casanova, Paris 75002 France
Tél. : 01 42 60 33 84 Fax : 01 42 60 33 85

Dépôt légal : 1er semestre 1997

ISBN : 2 84323 000 4

Photogravure Gravor (Suisse)
Imprimé par Artegrafica (Italie)

Achevé d'imprimer : mars 1997.

Elsa Schiaparelli

Texte de François Baudot

EDITIONS ASSOULINE

Que reste-t-il aujourd'hui de la maison Schiaparelli, 21 place Vendôme à Paris ? Un nom, cinglant comme un coup de fouet. Une signature en S, qui siffle un parfum délicieux de scandale et de succès : *Shocking !* Comme le célèbre rose désormais indissociable de la forte personnalité d'Elsa Schiaparelli. Quant à ses créations, la griffe n'a pas su perpétuer le nom après le retrait de la couturière en 1953, elles demeurent, pour tous ceux que captive l'histoire de la mode et, par-delà, celle des comportements entre les deux guerres, l'exemple même d'un vêtement constamment inventif. La preuve que le génie le plus personnel parvient à s'incarner à travers la couture. Avec une originalité profonde, qui n'en tient pas moins compte des données fonctionnelles. C'est cette leçon de singularité mais de rigueur qu'ont bien compris les créateurs contemporains. Si le travail des plus brillants d'entre eux, d'Yves Saint Laurent à Jean-Paul Gaultier, procède, d'une saison à l'autre, par ruptures successives, élaborant un style à travers une succession de coups de force et d'éclat, c'est bien à la Schiap qu'il faut faire remonter ce constant principe de subversion : choquer pour charmer, étonner pour éblouir. “La beauté sera convulsive ou ne sera pas” écrivait André Breton dans *Nadja*. À sa manière, la couturière a retenu ce principe. Dont elle offre l'une des meilleures applications.

Elsa Schiaparelli cependant ne s'y trompait pas qui, dans *Shocking Life*, ses mémoires, écrit : “Deux mots, chez moi, sont interdits : artiste et impossible.” Il est pourtant tentant, avec le recul, d'assimiler à une authentique artiste celle qui, dans la parure, a fait reculer les apparences du possible.

Avant Schiaparelli, il y eut, rappelons-le, le génial Paul Poiret et l'ambitieuse Coco Chanel. Deux tempéraments créateurs que tout sépare. Mais qui incarnent bien, au début de ce siècle, les deux courants qui ne cesseront de le faufiler. S'entrecroisant, se contredisant, se complétant finalement. Dans un mouvement pendulaire qui n'a cessé d'enrichir le vestiaire des élégances. Elsa Schiaparelli, qui a rencontré le premier et ne connaît que trop bien la seconde, à laquelle on l'oppose souvent, va composer pendant quelque dix ans, cette éclatante synthèse de classicisme et de baroque qui, aujourd'hui encore, signale l'apogée de la haute couture parisienne.

Il convient de remarquer à ce stade que la maison Lesage, qui brode aujourd'hui pour les collections de haute couture, fut, dans les années trente, l'auxiliaire inspiré de Schiaparelli. Quand, à cette époque, la couturière, par ses propositions originales, renouvela l'artisanat somptueux de la broderie.

"C'est à cette époque que j'ai connu Paul Poiret, que j'ai beaucoup admiré et que je considère comme le plus grand artiste de son temps. Un jour, j'accompagnais une amie américaine riche dans le petit hôtel débordant de couleurs que Poiret avait faubourg Saint-Honoré. C'était la première fois que je me rendais dans une maison de couture. Et, tandis que mon amie choisissait des robes, je regardais autour de moi, éblouie. Silencieusement, j'essayais des vêtements et, oubliant complètement où je me trouvais, je me promenais, assez contente de moi, devant la glace. Je mis un manteau à coupe ample, qui aurait pu avoir été fait pour moi. Il était magnifique.

— Et pourquoi ne l'achetez-vous pas, mademoiselle ? On le croirait fait pour vous.

Le grand Poiret en personne me regardait et je sentis le choc de nos deux personnalités.

— Je ne peux pas répondre... je... il est sûrement trop cher, et quand pourrais-je le porter ?

— Ne vous préoccupez pas de l'argent, reprit Poiret. Et ensuite vous pourrez porter n'importe quoi, n'importe où..."

Elsa Schiaparelli, véritablement hypnotisée, rapporte son cadeau dans le modeste appartement qu'elle occupe alors. Bientôt elle portera toute une garde-robe fournie par Poiret le Magnifique.

Mais, pour révolutionnaire qu'elle soit, l'allure selon Poiret s'inscrit encore dans l'univers confiné du boudoir féminin. Aimée des beaux quartiers, madone des sleepings, la femme n'échappera à sa condition qu'avec la Première Guerre mondiale. Elle va souvent l'amener à prendre la place des hommes, qui sont au front. Plus active, plus mince, plus souple, ses cheveux coupés, ses jupes raccourcies, elle descend dans la rue. C'est ce moment que choisit Chanel pour jeter les bases d'un style minimaliste, dont l'emprise ne cessera de s'étendre. Pourtant, en 1934, l'émergence de la jeune Elsa Schiaparelli assombrit l'horizon de la Grande Mademoiselle. L'une et l'autre jouent sur le même terrain. Fréquentent le même monde — le meilleur — et témoignent des mêmes aspirations culturelles. En comparaison de ces personnalités, Madeleine Vionnet, troisième femme forte de cette troïka du chic et du look entre les deux guerres, apparaît encore comme un fournisseur traditionnel. Discrètement effacée derrière la haute qualité de son travail.

Après les robes-sacs, les tailles basses, les coiffures courtes de la garçonne, on assistera, dès 1928, à une revalorisation des formes féminines. Allongé, hâlé, performant, le corps va désormais dicter sa forme au vêtement, plutôt que l'inverse. Tandis que la nacelle délicate du soutien-gorge modèle les seins, qui s'épanouissent sur un buste étroit, libéré de son corset. La taille est à sa place, l'épaule menue mais appuyée. À peine si une mince combinaison s'interpose entre le vêtement et la peau. Quant à la jupe, si dans la journée elle bat à mi-mollet, le soir, elle s'allonge en d'étroits fourreaux fluides. Lianes qui s'épanouissent autour du décolleté. Où se concentrent bijoux et accessoires fantaisistes, broderies, les ornements qui se déploient sur fond de sobriété. Le petit chapeau, dont la fantaisie est inversement proportionnelle à sa taille, termine cette silhouette légère, comme un point sur le i de Paris.
"Une ou deux fois j'avais pensé, au lieu de peindre ou de sculpter, ce que je réussissais assez bien, à inventer des robes et des cos-

tumes. Le dessin de robe, soit dit en passant, n'est pas une profession mais un art. Je découvris que c'est un art des plus difficiles et des plus décevants, car, à peine la robe est-elle née, que déjà elle appartient au passé. À peu près toujours, trop d'éléments entrent en jeu pour permettre de réaliser la vision qu'on avait dans l'esprit. L'interprétation d'une robe, les moyens de fabrication, l'étonnante façon qu'ont certaines matières de réagir, tous ces facteurs et quelle que soit la qualité de l'interprète font que l'on éprouve toujours un léger, si ce n'est pas un amer, désappointement. Et, dans un certain sens, c'est encore pire si on est satisfait, puisque, dès l'instant qu'on a créé une robe, elle n'est plus à vous. Une robe ne demeure pas comme un tableau accroché au mur, ou ne mène pas, comme un livre, une longue existence intacte et préservée." Cette réflexion lucide n'empêche pas Elsa, quand elle s'installe à Paris, d'avoir la tête pleine de robes. Rien pourtant ne la prédispose au métier de couturière. Enfant d'un éminent orientaliste originaire du Piémont, née, élevée à Rome, au palais Corsini, elle est en outre la nièce d'un astronome réputé. Directeur de l'observatoire de Brera, c'est lui qui, le premier, décèle l'existence de canaux sur la planète Mars.

Découverte considérable, dont la couturière argua souvent, pour justifier qu'elle soit si constamment dans la lune. Au terme d'une enfance protégée, pendant laquelle Elsa témoigne d'une excentricité qui ne se démentira plus, elle rencontre, en Angleterre, un jeune conférencier moitié breton, moitié polonais. Fascinée par ses connaissances théosophiques, elle l'épouse et met au monde une petite fille prénommée Gogo. Gêne et discorde aboutissant rapidement au divorce, la jeune mère, célibataire mais libre, opte alors pour une installation à Paris. C'est dans ces temps difficiles qu'elle rencontre Paul Poiret. Se découvre une passion pour la mode. Sent monter en elle la formidable énergie qui n'a pas encore trouvé à s'employer. C'est en recevant la visite d'une Américaine qu'Elsa Schiaparelli remarque, sur cette amie de passage, un sweater d'un genre tout à fait nouveau. Il est simple et solide. Mais dégage une élégance particulière. Renseignement pris, il a été tricoté par une petite femme, une réfugiée arménienne, qui habite à deux pas de chez elle. Elsa lui rend visite. Une amitié se noue. Une collaboration s'échafaude. L'une proposant à l'autre de reproduire avec ses aiguilles un dessin naïf. Celui d'un gros nœud blanc déployé en papillon sur un petit pull noir moulant.

On mesure mal, tant la proposition paraît banale aux contemporaines de Sonia Rykiel, tout ce qu'elle comporte alors de nouveauté. Chanel a certes déjà habitué les femmes élégantes à porter des robes, des vareuses tricotées. Mais on s'éloigne cette fois du sur-mesure. Pour jeter les bases de ce qui s'appellera bien plus tard le "sportswear". Strauss, un magasin américain, ne s'y trompe pas. Il passe immédiatement commande d'une quarantaine de ces sweaters dont il exige la livraison sous quinzaine. À Paris, sous les combles, la communauté arménienne se met à l'ouvrage. C'est le coup de feu et, pour Elsa, le coup d'envoi d'une fulgurante carrière. Une fois lancée, madame Schiaparelli conservera son amitié à la famille arménienne, qui va bientôt monter une usine. Où elle tricote pour toute la confection. L'affaire Schiaparelli est née dans trois mansardes de la rue de la Paix. Sur la porte, sous son nom si difficile à prononcer, la couturière écrit cette formule prophétique : "Pour le sport". Dès lors, alliant imaginaire poétique et sens pratique, la jeune femme se déchaîne imperturbablement. Sensible depuis sa tendre enfance à de multiples formes d'art, elle orne sa deuxième série de sweaters de motifs inspirés par l'Afrique, mise à la mode par les cubistes. Puis viennent les dessins de tatouages de marins. Serpents et ancres y alternent avec des cœurs percés de flèches. Suivra le jersey-squelette, dont les raies blanches épousent la ligne des côtes, impriment à la silhouette une transparence de rayon X. Sur ses maillots de bain, Schiap sème des poissons frétillants. Sur ses étoffes, elle fait peindre des langoustes. Des mouches en trompe l'œil se posent sur le tulle de soie. À Lindbergh qui vient de traverser l'Atlantique, elle emprunte des tenues d'aviateur, qu'elle adapte à ses héroïnes à elle. Des femmes qui skient, nagent, jouent au golf, avant de chalouper aux rythmes syncopés du jazz ou du tango. Pour ces soirs-là, Elsa lance la première robe longue assortie d'une veste. Un simple fourreau de crêpe de Chine blanc, dont la jaquette à longs pans croisés dans le dos revendique une totale sobriété. Reproduite dans le monde entier, cette tenue à l'élégance fonctionnelle, l'un de ses plus grands succès, assure le véritable démarrage de la maison Schiaparelli. Un an plus tard, en 1934, elle s'installe définitivement dans un angle de la place Vendôme.

Tout contre le Ritz, théâtre des opérations mondaines et pépinière inépuisable de jolies femmes fortunées. Avides de renouveler les règles de l'art de vivre. C'est pour elles qu'au rez-de-chaussée de son tout nouveau royaume Elsa Schiaparelli conçoit, premier du genre, un rayon "boutique". Solution qu'adopteront peu à peu tous les grands couturiers. Elle préside à la naissance d'une formule promise à un bel avenir : "prêt-à-porter". Dans la boutique de Schiaparelli on trouve des sweaters du soir à porter sur une jupe longue, des blouses, les accessoires tout faits que rejette habituellement la haute couture. À partir du milieu des années trente, chaque collection, créée à chaque fois sur un thème précis, par Elsa Schiaparelli, va faire sensation. La première est baptisée "Stop, Look and Listen" ("Arrêtez, regardez et écoutez"). Il y a des tweeds et des manteaux de pluie pour le soir, des saris en broderie, des robes de verre, des boutons en louis d'or, qui raillent la dévaluation. "La collection Schiaparelli suffirait à créer une crise dans le vocabulaire" écrit un grand quotidien. Schiap inaugurera bientôt les fermetures Éclair. Ses robes, y compris celles pour le soir, en fourmillent aux endroits les plus inattendus. Elle fait imprimer un tissu en caractères de journaux (le fabricant en vendra des milliers de mètres). Aux Américaines que la crise prive cruellement de domesticité, la couturière propose des tabliers de cuisine, dignes de Marie-Antoinette à Trianon. Elle a compris que la vie, ses rythmes, ses images, ne seraient plus jamais les mêmes. Que des femmes qui ne disposeraient plus ni du temps, ni d'une assistance pour se changer n'en désireraient pas moins conserver une élégance qu'elle adapte aux contingences de ce qu'on appelle encore maintenant "la vie moderne".

C'est en revanche dans les détails que la folie trouve à s'exprimer avec le plus de force. Chapeau dont les circonvolutions reprennent celles de la cervelle humaine, chapeau pointu du clown, chapeau-côtelette, chapeau-soulier, chapeau télescopique, etc. Ligne cigale, tailleurs dont les poches évoquent des tiroirs, boutons fantaisie en forme de lèvres, d'animaux, de plume, de pèse-lettres, de serrures, de sucre d'orge ou d'œil de verre... Premiers bracelets et boucles d'oreilles en Plexiglas... On n'en finirait plus d'énumérer les innovations schiaparelliennes. Les thèmes de collection s'enchaînent jusqu'à l'invasion allemande :

"Les Instruments de musique", "Les Papillons", "La Collection païenne" où les femmes ont l'air de sortir d'un tableau de Botticelli avec des couronnes et des pétales de fleurs délicates, brodées sur de longues robes classiques, "La Collection astrologique", avec ses horoscopes, étoiles, lunes et Soleil frémissant de tous ses rayons d'or finement brodés.
La plus tumultueuse des collections reste celle inspirée par Barnum, sur le thème du cirque. Place Vendôme, dans les élégants salons, les escaliers décorés par Jean-Michel Frank, Schiap lance des équilibristes, des jongleurs, les clowns Grock et les Fratellini. Augustes, éléphants, trapézistes se retrouvent sur les modèles. Où parfois s'imprime la mention "Attention, peinture fraîche". Les sacs prennent la forme de ballons, les gants ont l'air de guêtres blanches, des cornets de crème glacée coiffent les mannequins, etc. Les défilés-spectacles auxquels nous convient Kenzo, Mugler, Galliano, se sont inventés là. L'un des traits marquants d'Elsa Schiaparelli consiste à associer étroitement son succès au talent de certains artistes qu'elle a appelés à collaborer. "Travailler avec des artistes tels que Christian Bérard, Jean Cocteau, Salvador Dalí, Vertès et Van Dongen, avec des photographes comme Honningen-Huene, Horst, Cecil Beaton et Man Ray avait quelque chose d'exaltant, écrit-elle encore dans *Shocking Life*. On se sentait aidé, encouragé, au-delà de la réalité matérielle et ennuyeuse qu'est la fabrication d'une robe à vendre." Ainsi, pour son amie, Dalí dessine-t-il un sac-téléphone en velours noir, avec son cadran rond brodé en or.
Suivront de multiples modèles tout aussi surréalisants. Jean Cocteau dessine pour les robes du soir des motifs de broderies ponctués de symboles poétiques. Jean Hugo conçoit des boutons-sculptures qui sont la spécialité des tailleurs griffés par Schiaparelli. Tandis qu'Elsa Triolet et Louis Aragon composent pour elle un collier formé de cachets d'aspirine. L'imagination est au pouvoir, l'inattendu à l'ordre

du jour. Au point que dans cette troublante période de l'avant-Seconde Guerre mondiale les femmes des milieux les plus conventionnels applaudissent à ces innovations incongrues.

Le cinéma ne sera pas en reste. Lui aussi recourt au talent d'Elsa Schiaparelli. D'abord parce que les vedettes adoptent d'enthousiasme ses créations les plus brillantes. C'est Katharine Hepburn, dont le physique a longtemps été jugé ingrat par les studios parce que trop maigre, qui déclarera que son passage par les salons de la place Vendôme marque le point de départ de sa carrière. Claudette Colbert, Merle Oberon, Norma Shearer, plus tard Lauren Bacall accompagnée d'Humphrey Bogart, fréquentent la maison Schiaparelli. Le timide Gary Cooper y emmène toutes ses conquêtes. Les Européennes ne sont pas en reste. Derrière Marlene Dietrich suivent Annabella, Simone Simon, Michèle Morgan. Un soir, Cécile Sorel, pour vérifier comment flotte bien la cape qu'elle vient de commander, ordonne à son chauffeur de faire tourner autour de la colonne Vendôme sa petite décapotable. À l'arrière de laquelle elle se tient debout. Célèbre pour son élégance, Arletty, dès les débuts de la couturière, adopte ses modèles à la ville comme à la scène. "Entre 1930 et 1940, elle a bouleversé la mode. J'ai toujours gardé présent à l'esprit l'allure de 'Schiap'. C'est elle qui m'a le mieux habillée, selon mon humeur et mon tempérament. C'était une internationale." racontera l'actrice à son biographe Denis Demontion (*Arletty* chez Flammarion). Ainsi lance-t-elle un manteau Arlequin, petit chef-d'œuvre multicolore de la collection "Commedia dell'Arte". Mais la star dont l'image demeure, bien malgré elle, indissociable de l'image-maison, reste Mae West. "Elle fut étendue sur la table d'opération de mon atelier, mesurée et examinée avec attention et soin. Elle m'avait envoyé tous les détails les plus intimes sur sa fameuse silhouette et pour plus de précautions une statue en plâtre d'elle-même, entièrement nue dans la pose de la *Vénus de Milo*." Déception : Mae West ne reviendra jamais. Essayer les étonnants costumes d'*Every Day's a Holiday* (*Fifi peau de pêche* en français), le film réalisé en 1937 par Edward Sutherland. Mais la plastique suggestive abandonnée place Vendôme inspirera à Léonor Fini la forme du premier flacon de parfum que Schiaparelli va lancer, avec un succès considérable. Son nom : *Shocking !* bien sûr. Le S restera toujours la première lettre de chacun des parfums qui se succéderont. Leur concept à chaque fois témoigne, à l'image de la haute couture de Schiaparelli, d'un remarquable esprit d'invention. Lié à son esprit corrosif. Dalí va dessiner le flacon de *Roi-Soleil*. *Sleeping*, quant à lui, adopte la forme d'un bougeoir, dans un emballage en forme d'éteignoir. *Snuff*, premier parfum masculin, est doté d'un flacon en forme de pipe. Suivront *Shut*, *Succès fou*, *Salut*, etc. Pourtant, la guerre qui se profile sonne prématurément la fin de la récréation.

En 1939, passé le premier affolement, Elsa Schiaparelli demande à son personnel de reprendre le travail à un salaire moindre. Les affaires sont mauvaises. De six cents employés la maison tombe à cent cinquante. "Nous bâtîmes en trois mois une collection espérant provoquer quelques réactions. Elle se nommait 'Cash and Carry' et comportait d'énormes poches partout ; une femme obligée de partir à la hâte ou de se rendre à son service sans son sac pouvait emporter tout ce qui lui était nécessaire [...]. Il y eut la robe de soirée camouflée afin de ressembler à une robe d'après-midi. Lorsqu'on quittait le métro pour assister à un dîner élégant, il suffisait de tirer sur un ruban et la robe d'après-midi s'allongeait en robe du soir. Il y eut le bleu ligne Maginot et le rouge Légion étrangère, le gris avion, la salopette de laine chaudron que l'on pouvait plier sur une chaise à côté de son lit et enfiler rapidement en cas de raid aérien et de descente à la cave", (*Shocking Life*). Quand la futilité devient une arme... Sur un foulard, Schiap imprime ce dernier refrain de Maurice Chevalier : "Lundi sans viande / Mardi sans alcool / Mercredi sans beurre / Jeudi sans viande / Vendredi sans poisson / Samedi sans alcool / Mais dimanche : toujours l'amour." Hélas... fuyant l'envahisseur, Elsa Schiaparelli se réfugie bientôt aux États-Unis, où elle conserve de nombreux amis. Avec une énergie, une imagination jamais prises en défaut, elle entreprend d'organiser des secours. Place Vendôme, pendant ce temps, la directrice de la boutique Bettina Bergery – femme de l'imprévisible Gaston Bergery, ami de Léon Blum, fondateur du parti populaire français, puis ambassadeur du gouvernement de Vichy – fait tourner les affaires au ralenti. À la Libération, Schiap reprendra ses activités. Mais les temps ont changé. L'étoile de Christian Dior se profile à l'horizon. Le New-Look balaye une fantaisie moderniste qui ne survit guère à son propre enthousiasme. Entourée d'objets d'art, d'amis célèbres (musiciens, écrivains, peintres, journalistes), de considération, Elsa Schiaparelli se retire. Partageant son temps entre son bel hôtel, aujourd'hui démoli, de la rue de Berry, et Hammamet en Tunisie, qu'elle contribue à lancer. Gogo, sa fille, épouse le diplomate Berri Berenson. Leur union donne bientôt naissance à deux petites filles, Marisa et Berinthia. La première deviendra mannequin célèbre puis actrice. Perpétuant ainsi un sens de l'élégance que n'aura cessé de réévaluer la *shocking lady* de la mode. Âme d'inventeur chez qui l'ont disputé puissance créatrice, sens de la beauté et fraîcheur enfantine. Un éphémère sans cesse recommencé.

Schiaparelli's new silhouette -
rigid shoulders, neat waist,
brief skirt, surprising colours.
Wool jacket and skirt;
silk blouse. And a nose-diving
feathered hat.
Bonwit Teller
Berard

Schiaparelli

A gray linen dress embroidered with Cocteau's design—hair golden, lips pink, eyes peacock blue, and a blue Cellophane handkerchief. Hattie Carnegie.

Chanel

White marocain twinkling with black paillettes, a black ribbon belt and a mad coiffure concocted of ribbon, feathers and a paillettled veil. Salon de Couture, Bonwit Teller.

VOGUE
including
CLOTHES FOR T
NORTH AND SO
JULY 20, 1938 (15
ONE SHILLING
FOR CONDITIONS OF SALE OR SUPPLY SEE
THE CONDÉ NAST PUBLICATIONS LTD

Bell Telephone
MFG. COMPANY

Bérard

Circus parade at Schiaparelli's
1
2
3

4
5
6

Shocking
de
Schiaparelli

N°
Schiap. 469
24357

195

parfums
chiaparelli

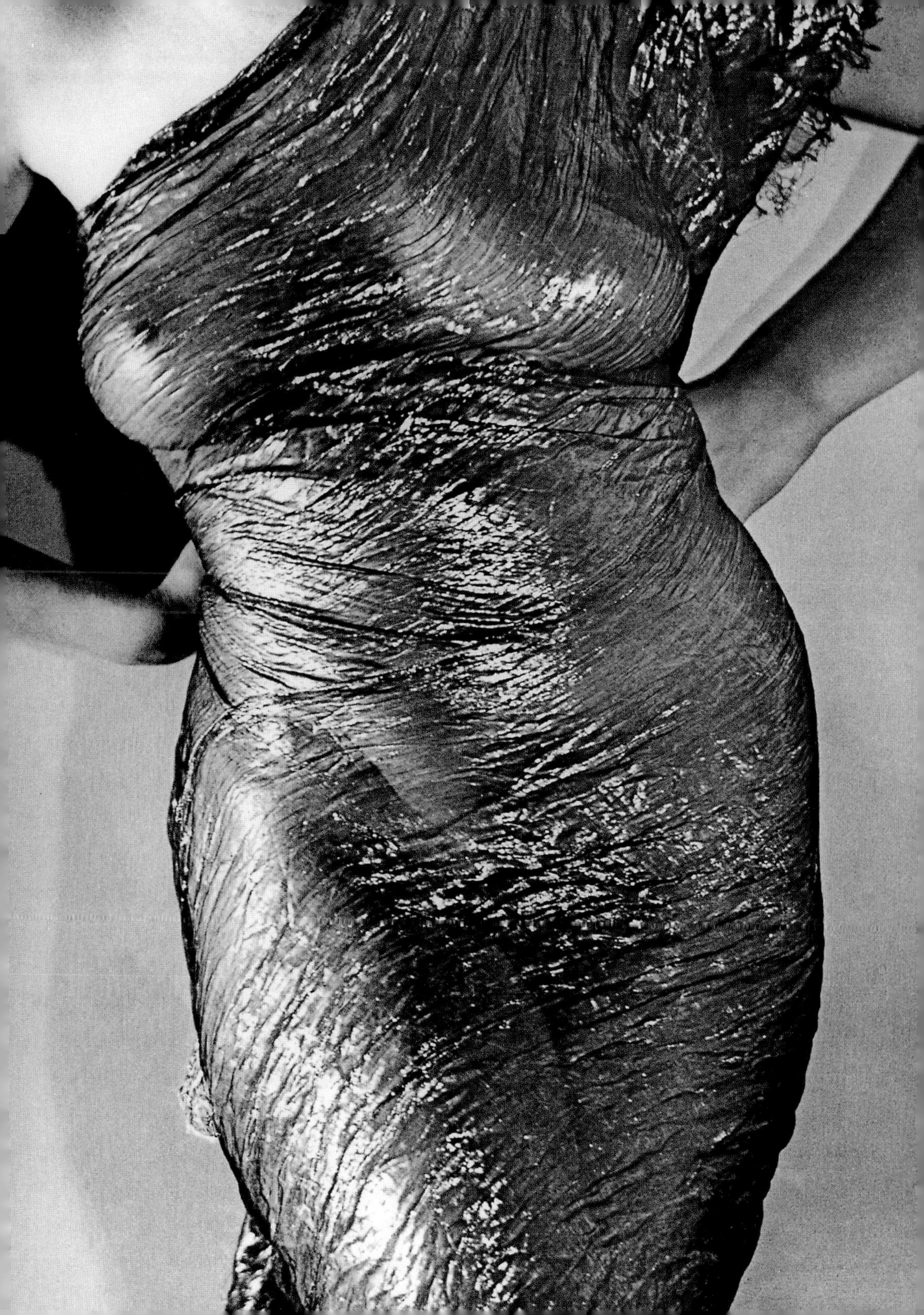

Schiaparelli might have cut this tapering sheath for Madame Tallien. A slit for the wrist, a brilliant new color: cyclamen.

Repères chronologiques

1890 : Naissance à Rome le 10 septembre où elle passe son enfance.

1913 : Premier voyage à Paris et découverte de la rue de la Paix. Séjour à Londres. Rencontre avec William de Wendt.

1914 : Mariage avec William de Wendt. La guerre éclate.

1915 : Départ pour Nice avec son mari.

1919 : Premier voyage aux États-Unis en compagnie de son mari, où elle fait la connaissance de Marcel Duchamp et Picabia. Naissance de sa fille Yvonne.

1921 : Après son divorce intervenu l'année précédente, Schiaparelli a peu d'argent. Elle commence à travailler avec Gaby Picabia qui fait de l'importation de vêtements français jusqu'au départ de Gaby pour Paris. Elle fait alors de la traduction dans une maison d'import. Rencontre Alfred Stieglitz et Man Ray.

1922 : Retour à Paris. Fréquente le restaurant *Le Bœuf sur le toit* où elle retrouve Picabia, Tristan Tzara et les dadaïstes. Ouverture d'un premier atelier rue de Seine où elle dessine des tricots et des vêtements de sport. Elle rencontre Paul Poiret et commence à dessiner des robes.

1927 : Ouverture d'une boutique au 4 rue de la Paix. Succès des tricots à nœuds papillon et cravate. Création des premières tenues de ville. Jean Clément commence à travailler pour elle comme dessinateur d'accessoires.

1929 : Première grande collection à l'occasion de laquelle "Schiap" est qualifiée par la presse de "l'un des rares créateurs" du moment. Un peu plus tard, elle commence à travailler avec Roger Jean-Pierre.

1930 : Création du bonnet Mad Cap qui connaît un immense succès. Première tenue de soirée.

1933 : Voyage aux États-Unis pour promouvoir ses créations. Habille Katharine Hepburn. Ouverture d'une boutique à Londres.

1934 : Lancement de trois parfums *Salut*, *Souci* et *Schiap*, créés dans son atelier de parfumerie de Bois-Colombe.

Étonnant effet de drapé pour cette robe du soir de 1952 photographiée par Henry Clarke pour Vogue *U.S. C'est l'une des dernières créations de la couturière qui s'adapte ici aux innovations du New-Look. Photo Henry Clarke. © ADAGP, Paris 1996.*

EN CAS D'ALERTE
ABRI
Pour Personnes

1935 : Installation au 21 place Vendôme, au milieu d'œuvres de Giacometti et dans un décor réalisé par Jean-Michel Frank. L'atelier est fréquenté par la duchesse de Windsor, Greta Garbo ou Gloria Guinness. Arletty quitte Lanvin pour devenir mannequin chez elle.

1936 : Collection et robe Parachute.

1937 : Collection "Musique". Succès du chapeau-chaussure qui devient le symbole de la fantaisie des accessoires créés par Schiaparelli. Parmi ceux-ci, chapeaux télescopiques, boutons en forme d'écrevisse, de homards, de cygne.

1938 : Lancement des parfums *Sleeping* et *Shocking !* en 1938, contenus dans le célèbre flacon en forme de buste (celui de Mae West...). Collection "Le Cirque" où les broderies sont réalisées par les ateliers Lesage. Capes Phoebus et Char d'Apollon.

1939 : Création de *Snuff*, le tout premier parfum pour homme. Collection "Cash and Carry". Départ pour les États-Unis où elle reste jusqu'en 1945. La comtesse Haydn dirige la maison en son absence.

1940 : Signature du premier contrat de licence avec Kaiser, une entreprise de bas.

1945 : Retour en France où elle reprend la direction de sa maison de couture. Ses collections continuent à connaître un extraordinaire succès dans l'Amérique de l'après-guerre. Dans ses ateliers passent Pierre Cardin et Hubert de Givenchy.

1946-47 : Lancement du parfum *Le Roi-Soleil*, dont le flacon est dessiné par Salvador Dali. Création d'une ligne de bagages adaptés au nouveau mode de vie des femmes après la guerre et des manteaux de voyage à poches "valises" qui seront jugés prophétiques par le *Vogue* U.S.

1949 : Sa nouvelle collection fait la couverture de *Newsweek*. Ouverture d'une succursale qui assurera la distribution du prêt-à-porter pour les États-Unis tout en limitant les ventes à une boutique par ville afin de conserver une certaine "exclusivité".

1952 : Chapeau Robin des Bois et variante du Mad Cap. Collection "Shocking Elegance". Les difficultés financières que la maison parisienne connaît depuis la fin de la guerre continuent à s'accentuer.

1954 : Elsa Schiaparelli ferme son atelier de couture et rédige ses mémoires. Jusqu'à la fin de sa vie, elle manifestera un intérêt particulier pour Yves Saint Laurent et surtout Balenciaga.

1973 : Meurt pendant son sommeil à l'âge de 83 ans.

La Tenue d'abri de 1939 symbolise au mieux le regard ironique et iconoclaste que Schiap pouvait poser sur les objets et les événements. © Bernard Richebé.

Schiaparelli

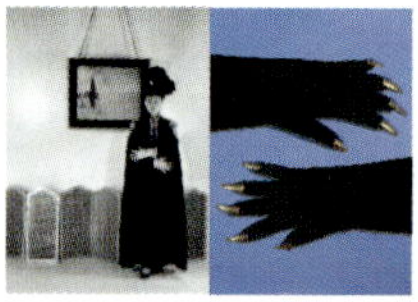

Le mannequin Bettina vue par Henry Clarke, dans l'album du *Figaro* en 1949. Cape du soir de Schiaparelli. Photo Henry Clarke. © ADAGP, Paris 1996. La fantaisie de Schiaparelli est à son apogée dans les accessoires dont elle agrémente ses tenues. **Les gants aux longs ongles** s'accordaient parfaitement au manteau Révolutionnaire. © Photo Chantal Fribourg.

Cape en soie rose brodée d'un soleil d'or pour la collection astrologique de 1938 dont Christian Bérard a croqué trois silhouettes. © Photo Chantal Fribourg. Dessin Christian Bérard. © D.R.

Veste d'été brodée créée en 1938 et boutons en forme de chevaux de cirque. © Courtesy of the Board of the Trustees of the Victoria and Albert Museum. **Manteau long** en lainage avec six poches de velours rose en forme de jardinière brodée chacune de fil d'or, de petites roses de porcelaine blanches et rose et de paillettes violettes par François Lesage. Hiver 1938/1939. On retrouve souvent ce type de mariage de matières chez Schiap. © Coll. UFAC.

Deux aspects d'Elsa Schiaparelli : à gauche vue par le peintre Laglenne en 1932 ; © Coll. Kharbine-Tapabor ; et photographiée par Man Ray en 1934 ; © Man Ray Trust/ADAGP, Paris 1997. Elle porte ici une cape de plumes sur une robe en soie plissée.

Mise en scène théâtrale pour ce Robin des Bois androgyne, dont le vêtement épuré témoigne de la volonté de la couturière de réduire les différences entre les silhouettes masculines et féminines. © Photo Cecil Beaton. Courtesy of Sotheby's Londres.

Taille resserrée, épaules droites et larges poches plaquées caractérisent les créations de Schiaparelli, tandis que les lainages se teignent de couleurs ou de motifs imaginés par la couturière. © Philadelphia Museum of Art. Illustration de Christian Bérard. Courtesy *Vogue*. © 1935 (renewed 1963, 1991) by The Condé Nast Publications, Inc.

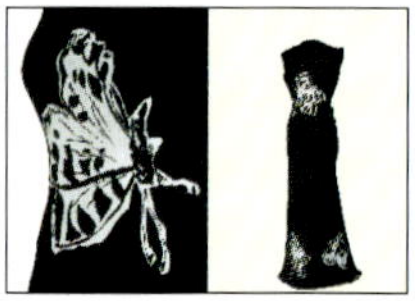

Cette robe du soir, de l'été 1937, en crêpe noir imprimé de grands papillons blancs, est très représentative de l'esprit Schiaparelli. Ses tout premières créations sont des "sweaters" tricotés intégrant déjà toutes sortes de motifs : nœuds, papillons ou dessins cubistes. Ces sweaters marqueront le début de sa réussite. © Coll. UFAC.

Dessin de Jean Cocteau. © D.R.
Veste en lin croisée, ornée d'un important motif de broderie, reproduisant un dessin spécialement conçu pour la couturière par Jean Cocteau en 1937. © Philadelphia Museum of Art, don de Mme Elsa Schiaparelli.

Chez Schiaparelli, le vêtement n'est souvent que le prétexte servant à mettre en valeur des broderies comme celles de ce manteau de soirée de 1937 réalisées par François Lesage d'après un dessin de Jean Cocteau. Philadelphia Museum of Art, don de Mme Elsa Schiaparelli. © Photo Patrice Stable. **Motif de broderie** au fil d'or en forme de cadenas réalisé par Lesage. © D.R.

Le photographe Horst entreprend au cours des années trente une collaboration avec le groupe Condé Nast. En près de cinquante années de prises de vues, elle l'amènera à entretenir une amitié suivie avec les principaux personnages de son temps. © Photo Horst. P. Horst. **Modèle de Schiaparelli** portant la cape Sentinelle, novembre 1936. © Roger-Viollet.

Somptueuse veste de 1939 en velours de soie noire brodée or et argent de deux motifs en forme de miroir baroque. © The Metropolitan Museum of Art, don de Mme Pauline Potter, 1950. **Ensemble du soir** (1937) et veste du soir (1938). Ces modèles typiques de Schiaparelli sont admirables pour leur détail : poches découpées ou brodées, ouverture du col, originalité des boutons. © The Metropolitan Museum of Art, don de Mme Keagy, 1974 et de Julia Henry, 1978.

Parmi ces différentes esquisses de chapeaux réalisés en 1937 par la maison Schiaparelli, la coiffure Soulier inspirée à Salvador Dali par sa femme Gala. © Coll. UFAC. **Ensemble de fin de journée** en velours de soie vert, brodé de fleurs d'or en relief. © Coll. Kharbine-Tapabor.

Collectionneuse d'objets d'art de toutes les époques, Elsa Schiaparelli recevait le tout-Paris dans son hôtel de la rue de Berry. © Photo Jean-Pierre Sudre. Collection personnelle de la marquise Cacciapuoti.
Elsa Schiaparelli. © Photo Piaz. Collection personnelle de la marquise Cacciapuoti.

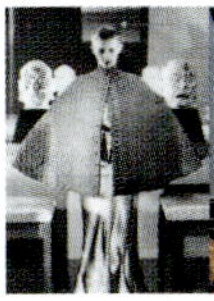

Cape Pékinoise rouge matelassée de 1933 portée sur un fourreau de satin gris. Elsa Schiaparelli fit sensation en la portant lors d'un concert au Théâtre des Champs-Élysées. © Horst P. Horst.
Illustration d'un manteau de plage matelassé pour la couverture de *Vogue* U.S. en juillet 1938. © D.R.

Collier Insectes. Vue de loin, la transparence du support de ce collier donne l'impression que de vrais insectes font la ronde autour du cou de celle qui le porte. © Brooklyn Museum, don de Paul et Arturo Peralta-Ramos.
Longtemps après qu'ils ont collaboré, **Elsa Schiaparelli et Salvador Dali** entretinrent une fructueuse amitié. Dalí à Neuilly en 1949. © Archives Snark.

Salvador Dalí, *Téléphone homard*, 1937. © Demart Pro Arte B.V., Genève/ADAGP, Paris 1997. **La même année (1937)**, Schiaparelli s'inspire du homard pour une robe du soir en étamine de soie peinte. Ancienne collection de la duchesse de Windsor. © Philadelphia Museum of Art, don de Mme Elsa Schiaparelli.

Manteau Révolutionnaire de ligne masculine : larges épaules et hanches étroites. Illustration de Christian Bérard. Courtesy *Vogue*. © 1935 (renewed 1963, 1991) by The Condé Nast Publications, Inc. Schiaparelli promut largement l'esthétique surréaliste dans la mode et en particulier la pureté des lignes qu'elle appréciait en premier lieu. Photo André Durst. Courtesy *Vogue*. © 1936 (renewed 1964, 1992) by The Condé Nast Publications, Inc.

Deux pages d'illustration réalisées par son ami le peintre Christian Bérard pour *Vogue* en 1938, d'après des modèles créés par Schiaparelli pour sa collection "Le Cirque". Illustration de Christian Bérard. Courtesy *Vogue*. © 1938 (renewed 1966,1994) by The Condé Nast Publications, Inc.

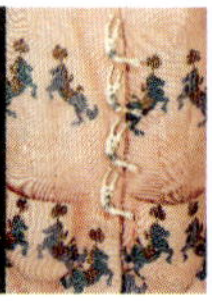

Inspiré par le buste de Mae West, le flacon *Shocking !*, le premier parfum créé par Schiaparelli. © Collection Kharbine-Tapabor, 1945.
Quatre boutons métalliques en forme d'acrobates ferment cette veste de soie créée pour la collection "Le Cirque" en 1938. Schiaparelli était renommée pour ses boutons-sculpture qui personnalisaient nombre de ses tailleurs. © Courtesy of the Board of the Trustees of the Victoria and Albert Museum.

Schiaparelli s'adressant à la foule dans le stade de Saint Paul (Minnesota) à la fin d'une tournée de conférences aux États-Unis en novembre 1940. © D.R.

Un tailleur en laine bleu marine de 1938 qui démontre son excentricité jusque dans la sobriété. Schiaparelli posséda l'un des meilleurs ateliers-tailleurs de Paris. Sur celui-ci deux poches-poitrine épousent le buste sur toute sa hauteur. © The Metropolitan Museum of Art, don de J.R. Keagy, 1974.
Dessin illustrant **l'allure Schiap** en 1945. © Collection Kharbine-Tapabor.

Échantillon de broderie réalisé par François Lesage pour Schiaparelli et figurant des grappes de raisin. © Photo Patrice Stable. **Le classique nœud-ceinture** adapté à la couture iconoclaste de Schiaparelli et intégrant l'emblématique rose Shocking. © Photo Horst P. Horst.

Marlene Dietrich, au cours des années trente, fut l'une des plus ferventes adeptes de Schiaparelli, 1934. Photo Walling Jr. © The Kobal Collection.
Innovation très Schiap : en prévision du froid, un col coupé dans un morceau de tissu, assorti à la blouse de ce tailleur de faille noire de 1949, monte jusqu'au nez, formant deux pointes sur la nuque qui reviennent se nouer sous le menton. © Photo Horst P. Horst.

Vitrine de Noël pour les parfums Schiaparelli en 1952. © Photo Édouard Boubat/Top.

Place Vendôme et entrée de la parfumerie Schiaparelli. Faux oiseaux et flacons *Shocking !* cohabitent dans une immense volière. © Photo Man Ray Trust/ADAGP, Paris 1997. **Le Torse** est l'une des dernières créations de Schiaparelli. © Man Ray Trust/ADAGP, 1997.

Une illustration de Jean Cocteau, d'après un modèle de Schiaparelli, pour le magazine américain *Harper's Bazaar* en 1937. Dessin Cocteau. © D.R.
Magnificence de la matière et de la couleur, héritage de l'influence de Paul Poiret pour ce gant de satin fuchsia sans doigts. © D.R.

Deux tricornes en 1938 pour le "carnaval fou" d'Elsa Schiaparelli par Erwin Blumenfeld. Photo Blumenfeld. Courtesy *Vogue*. © 1938 by The Condé Nast Publications, Inc.
Portrait d'Elsa Schiaparelli. Photo Irving Penn. Courtesy *Vogue*. © 1948 by The Condé Nast Publications, Inc.

Bettina en manteau de lainage photographiée par Irving Penn. Courtesy *Vogue*. © 1950 (renewed 1978) by The Condé Nast Publications, Inc.
Mise en scène surréaliste pour un manteau-piège aux nombreuses poches réelles ou factices. © Photo Cecil Beaton. Courtesy of Sotheby's Londres.

L'Éditeur tient à remercier la maison Schiaparelli.
Merci également à madame la marquise Cacciapuoti, madame Marisa Berenson, mademoiselle Laurence Benaïm et monsieur François Lesage.
À Édouard Boubat, Irving Penn, Horst P. Horst, Patrice Stable, Chantal Fribourg.
Enfin, ce livre n'aurait pu se faire sans l'efficace contribution de Nicole Chamson (ADAGP), Haydn Hansell (Victoria and Albert Museum), Olivier Saillard (musée de la Mode de Marseille), Marie-Hélène Poix (musée de la Mode et du Textile), Philippe (Kharbine-Tapabor), Tiggy Maconochie (Hamilton Photographers), Michèle Zaquin (*Vogue*), Franck Munoz (Telimage), Pierre Pigaglio (AFDPP), Lorraine Mead (The Condé Nast Publications, Inc.), Sylvianne (Scoop), Lydia Cresswell-Jones (Sotheby's Londres) et Christine Lloyd Lyons (The Kobal Collection). Qu'ils en soient remerciés.